Émile Blanchard

Les Araignées

Le savoir
en poche

ISBN : 978-1547063109

10 9 8 7 6 5 4 3 2 1

Émile Blanchard

Les Araignées

Le savoir
en poche

Table de Matières

Introduction

A côté des pages remplies des aventures des héros et des héroïnes de romans, qui amusent, égaient ou passionnent les gens qui recherchent la simple distraction de l'esprit ; tout près des écrits concernant des personnages historiques, récits faits pour captiver les âmes avides de s'instruire des événements qui ont troublé, élevé ou abaissé les peuples ; à la place même où s'étalent des narrations de voyages divertissantes ou instructives, où se traitent de graves questions économiques qui intéressent le sort des nations civilisées, nous venons parler d'un sujet que la foule dédaigne, méprise, abomine. Il faut compter sur le sens délicat et sur la curiosité de la plupart des lecteurs de la *Revue*, nous y comptons. Il y a dix ans, on lisait une histoire des fourmis, les bêtes les plus laborieuses comme les plus sociables de la création [1]. Ne voudra-t-on pas aujourd'hui connaître un peu la vie des bêtes les mieux douées sous une infinité de rapports et les plus insociables qu'il y ait au monde : les araignées ?

En général, ces êtres inspirent répugnance ou aversion aux personnes qui n'arrêtent guère le regard sur de chétives créatures ; au contraire, ils émerveillent, séduisent, ravissent les observateurs de tous les genres. La raison de la répugnance demeure parfaitement obscure dans l'esprit de ceux qui éprouvent ou manifestent une antipathie. Bêtes venimeuses, dira-t-on, dangereuses même, assure-t-on en différents pays. Certes, les araignées ont un venin qui sert à tuer les insectes dont elles font leur nourriture. Nous pouvons affirmer que, au moins en Europe, nulle espèce n'est à craindre pour l'homme. Sans doute, on sera fondé à blâmer la tenue d'une maison hantée par les araignées ; il s'agit d'hôtes incommodes, on s'en débarrasse. La part de désagrément due à l'espèce qui s'installe trop volontiers dans les habitations étant justement mesurée, il convient de relever les traits qui rendent si intéressant le monde des araignées. Animaux ne vivant que de proie, ils ne sauraient provoquer le dégoût que fait naître la recherche de certains genres d'aliments. Animaux insectivores, ils contribuent à la destruction des bêtes nuisibles à nos végétaux cultivés ; c'est bonne fortune pour le propriétaire si dans le verger ou dans le vignoble les araignées sont nombreuses. Les particularités de la conformation extérieure et mieux encore l'organisation interne, dénoncent des êtres d'une perfection qui ne cesse d'étonner les investigateurs et qui doit inviter à la curiosité tous ceux qui tiennent en estime la connaissance des phénomènes de la vie.

Émile Blanchard

Cependant, parfois, dans le monde où l'on s'inquiète peu des humbles et des faibles, l'attention s'éveille sur les araignées. On se prend d'admiration pour les tissus fins et délicats qu'elles confectionnent. Dans l'antiquité grecque, où la poésie florissait dans toutes les circonstances, on attribuait à l'araignée, en considération de son travail, une noble origine. Une jeune Lydienne, la gentille Arachné, incomparable dans l'art de tisser, n'avait pas craint de défier Minerve. Aussitôt punie de son imprudence et de son audace, la gracieuse artiste, dit la fable, condamnée à perdre toutes les séductions de la femme, avait été changée en araignée. En perdant les séductions de la femme, elle conservait son nom et ses talents. Dans les temps modernes, on se laisse entraîner par un courant sympathique en songeant au prisonnier au fond de son cachot ayant pour amie, pour consolation, une araignée qui vient à son appel. Chacun se plaît à voir par la pensée le captif de la Bastille, Pellisson, trompant l'ennui de la journée en considérant de longues heures l'animal qui avait tendu sa toile contre la lucarne de sa misérable cellule.

Section I

Dans les deux hémisphères, de la zone torride aux régions les plus froides, vivent des araignées. Sur toute terre, instruits ou ignorants, les hommes distinguent ces êtres, qui frappent par un aspect singulier en même temps que par des aptitudes et des mœurs d'une certaine étrangeté. Sous les tropiques, se rencontrent les espèces les plus grandes comme les plus favorisées par la fraîcheur du coloris ; sous les climats froids ou tempérés, habitent les espèces ou de petite taille ou de nuances sombres ; — elles ont d'autres titres que la parure à notre attention.

A s'en rapporter aux méthodes des naturalistes, les araignées composent un ordre de la classe des arachnides : ce sont les aranéides, une division si bien caractérisée, si parfaitement circonscrite, qu'en la nommant, elle se trouve suffisamment désignée. Chez ces animaux la tête et le corselet sont confondus en une seule masse ; en dessus, c'est une sorte de bouclier dorsal qui, vers la partie antérieure, supporte les organes de la vision. D'ordinaire, les yeux sont au nombre de huit, mais, selon les types, ils sont fort diversement groupés. Un aimable observateur, Walckenaer, très connu dans le monde des lettres par ses études sur La Fontaine et sur Mme de Sévigné, eut l'idée de considérer les particularités dans la disposition des yeux, comme des signes propres à faire distinguer les familles et les genres parmi les araignées ; — c'était tout au commencement du siècle. Il y a une vingtaine d'années, on alla plus loin ; de remarquables coïncidences entre la disposition des yeux et les habitudes des espèces avaient été saisies. Après avoir beaucoup observé, avait jailli une nouvelle clarté. Désormais, la disposition des yeux étant reconnue chez une araignée, même une espèce étrangère dont la vie reste ignorée, on saura déclarer avec certitude les conditions d'existence de l'animal ; à peu près, comme si telle araignée disant : Regarde mes yeux, le naturaliste, tout de suite, répondait : Tu vis errante, tu es une chasseresse ; certes, tu n'es pas une recluse qui, dans l'ombre, dissimule sa présence, ou une fileuse solitaire accroupie sur sa toile. Les yeux ne roulent pas dans une orbite comme chez l'homme, les cornées étant simplement une partie tégumentaire qui demeure transparente. L'immobilité est une imperfection relative, un défaut ; mais il y a une compensation ; le nombre des organes diversement orientés supplée au défaut de mobilité et le mode de dispersion ou de groupement des organes répond aux nécessités de la vue de l'animal.

Bêtes silencieuses, les araignées, n'ayant jamais à répondre à un appel, doivent être inhabiles h discerner les sons. Des particularités de leur conformation achèvent d'en donner l'assurance. On s'étonnera de l'assertion ; il a été si souvent question du penchant des araignées pour la musique ! Rien ne paraît plus charmant que d'attribuer ce goût délicat à de pauvres créatures fort dédaignées. Cependant, c'est pure illusion et le vrai seul nous importe. Au bruit des violons et des pianos, on vit des araignées descendre des hauteurs et l'on crut qu'elles voulaient prendre leur part du concert. C'est loin sans doute de la réalité. Les toiles éprouvent des trépidations sous le choc des ondes sonores : les fileuses, remplies d'inquiétude, quittent la place et courent au hasard, affolées par la peur.

Au-dessous du front s'avancent deux grosses pièces armées d'un crochet mobile ; ce sont les antennes-pinces, qui logent une glande vénénifique avec son conduit aboutissant près de la pointe du crochet. Tous ceux qui ont regardé l'araignée prenant une mouche auront remarqué comment elle s'empare de sa victime et la pique de façon à la tuer avant de la porter à sa bouche. Au bord de l'orifice buccal de ces êtres qui vivent de matières fluides n'existe qu'une simple languette, et en arrière deux palpes, sortes de pattes-mâchoires toujours très développées.

Émile Blanchard

Tout le monde sait, croyons-nous, que les araignées ont quatre paires de pattes, ce qui les différencie bien nettement des insectes, où il n'y en a jamais plus de trois paires. A l'extrémité, ces membres supportent des crochets, et ces crochets, chez la plupart des espèces, sont des instruments de travail d'une étonnante perfection. On jugera de leur valeur quand bientôt nous allons voir à l'œuvre nos admirables ouvrières. Le corps et les membres sont couverts de poils, de fin duvet, d'épines plus ou moins fortes. Ce sont des organes de tact, parfois d'une exquise sensibilité, implantés dans la peau ; poils, épines et duvet transmettent les impressions reçues par le moindre attouchement. A soumettre au microscope les poils fins d'une araignée, on éprouve des surprises. Ces duvets, qu'on distingue à peine à la vue simple, se montrent tout frangés, tout barbelés ; volontiers, on les prendrait pour des plumes d'une incomparable délicatesse. En considérant la netteté habituelle du vêtement, qui retiendrait si aisément les grains de poussière, on demeure assuré que les araignées ne le cèdent à personne au monde pour les soins de la toilette. Leurs longues pattes munies de griffes rendent un office qui ne laisse rien à désirer. A l'extrémité du corps, se trouvent des tuyaux articulés, mobiles ; la paroi est solide, résistante, le bout est tronqué avec une surface membraneuse, criblée de trous. C'est par ces ouvertures microscopiques que s'échappe la liqueur qui, durcie au contact de l'air, devient le fil propre à la confection de la toile ou du cocon. Ce fil, qu'on prend en exemple pour la finesse, est donc formé de nombreux brins qui s'accolent au sortir de la filière. Par l'égalité, la délicatesse, la résistance, le fil d'araignée offre des qualités incomparables. L'astronome, afin de multiplier ses observations au passage des étoiles devant l'objectif, divise le champ de la lunette au moyen de fils dont les distances calculées permettent la détermination du temps. A tel usage seuls les fils d'araignées présentent tous les avantages que recherche l'observateur du ciel. L'idée de donner un emploi industriel à la soie des araignées s'est souvent reproduite. On était en 1710 ; M. Bon, premier président de la Chambre des comptes de Montpellier, prenait des peines infinies pour recueillir et utiliser la soie de nos petites araignées d'Europe ; il avait réussi à en faire fabriquer des bas et des mitaines. Ces objets furent adressés à notre Académie des sciences. Réaumur, chargé du rapport, déclare que « l'Académie l'a vu avec le plaisir que lui donnent les choses curieuses, mais l'attention particulière qu'a cette compagnie à ce qui regarde le bien public ne lui permet pas d'en rester là. » Le savant se préoccupe tout d'abord de savoir s'il ne sera pas trop malaisé de réunir quantité d'araignées et de les nourrir en captivité. Il songe ensuite à reconnaître si la matière textile mérite qu'on en recommande l'emploi. A ces propositions Réaumur ne voit que difficultés. Il estime que « toutes les mouches du royaume suffiraient à peine à nourrir assez d'araignées pour faire une quantité de soie peu considérable ; » restait, il est vrai, la ressource d'une infinité d'insectes dont s'accommodent les habiles fileuses. L'illustre naturaliste constate l'impossibilité de tenir captives les araignées, qui se dévorent entre elles, et l'embarras de garder chaque individu en cellule. Il en vient à croire que la soie des cocons de l'araignée des jardins pourrait seule être utilisée, mais la quantité qu'on en obtiendrait serait insignifiante. Réaumur compte, en effet, qu'il faudrait 663,552 araignées pour fournir une livre de soie. Appréciant avec éloge les soins de M. Bon, l'Académie ne jugea pas qu'on dût profiter de la découverte.

De temps à autre, des essais du même genre ont été renouvelés sans meilleur résultat. Parfois, on s'efforça d'éveiller l'intérêt sur la matière plus belle et plus abondante que produisent les grandes espèces des contrées tropicales ; les voyageurs n'en ayant jamais rapporté que des échantillons, il n'y avait rien à tenter en fait d'opérations industrielles. La soie des araignées est bientôt salie par la poussière ; des amateurs errant à travers les savanes des pays chauds, trouvèrent aisément le moyen d'en obtenir d'une parfaite pureté. Les fileuses ont toujours un fil qui s'échappe de leurs filières. On saisit ce brin et on l'enroule autour d'une carte ou d'un morceau de bois. De la sorte, on réussit à se procurer une quantité très notable d'une soie exquise par sa finesse, par son lustre, par sa couleur d'un jaune brillant. Le sujet, rendu à la liberté, ne paraît pas souffrir de l'épreuve, et son économie répare vite sans doute la perte qu'elle a subie. En traitant de la même façon un nombre d'individus, on parvient à récolter une grande masse de matière propre à la confection de menus objets de toilette. Il n'est guère possible d'espérer de plus gros profits de la soie des araignées.

L'organisation interne est faite pour être admirée bien plus encore que les parties externes. A peine cependant si nous croyons possible d'en indiquer ici les traits les plus essentiels. En vérité, il faudrait entrer dans de trop longs détails pour parler d'un appareil musculaire d'une puissance dont on trouve peu d'exemples dans le règne animal, assurant à merveille la précision et l'agilité des mouvements ; d'un système nerveux dont l'énorme développement explique des facultés d'ordre supérieur ; d'un estomac d'une construction extraordinaire qui répond à un régime exclusivement composé de matières fluides.

Émile Blanchard

Il est écrit que les araignées respirent par des poumons. Elles ont une respiration aérienne, mais les organes qui servent à cette fonction présentent une structure fort différente de celle des poumons de l'homme. Qu'on se figure, dans des proportions bien exiguës, des poches membraneuses contenant des sachets aplatis, empilés comme les feuillets d'un livre ; dans l'épaisseur des parois s'infiltre le sang ; dans l'intérieur pénètre l'air et, ainsi observés sous l'eau, les petits sacs apparaissent comme autant de lames d'argent qui communiquent avec l'extérieur par des fentes situées à la base du ventre. Il y a chez les araignées un cœur et un appareil de la circulation du sang des plus complexes. Le cœur, placé à la face dorsale, est d'une idéale construction anatomique, et longtemps échouèrent les tentatives des investigateurs pour découvrir les vaisseaux qui portent le sang à la périphérie du corps. On sait que le sang est incolore ; il faut donc, pour voir les vaisseaux et les suivre dans leur trajet, les remplir d'une injection colorée. Il y a environ quarante ans, par un jour d'été, un jeune naturaliste, n'ayant à sa disposition que les araignées de notre pays, dont chacun connaît la taille, parvint à remplir les principales artères ; mais ce n'étaient que les principales ; un premier succès qui donnait l'espoir d'un succès complet si l'on pouvait opérer sur une des grandes espèces des contrées tropicales. Un moment s'offrit l'occasion. Une des plus grosses araignées connues, provenant de l'Amérique du Sud, avait été acquise au Muséum d'histoire naturelle. Le sujet était plein de vie ; c'était une bonne fortune. On avait entre les mains la possibilité d'acquérir la connaissance ; dans toute une classe d'êtres, d'un appareil organique de première importance ; la possibilité à condition de réussir une opération singulièrement délicate.

Le naturaliste avait contemplé l'araignée américaine pendant plusieurs jours, agité par l'espoir d'un succès, tourmenté par l'idée d'un échec. La bête s'affaiblissant, il devenait temps d'opérer le sacrifice. Une goutte d'éther lui fit perdre le mouvement sans lui ôter la vie. Alors, immobilisée dans une cuvette remplie d'eau et le cœur mis à découvert, sa paroi fut percée de la pointe d'une aiguille : par l'imperceptible ouverture fut introduite l'extrémité de l'instrument, chargé d'un liquide jaune de chrome. L'injection poussée avec une force modérée, se remplirent de la façon la plus heureuse tous les vaisseaux artériels jusque dans leurs plus extrêmes ramifications. C'était saisissant, merveilleux, comparable à ce qui se voit dans les organismes les plus parfaits. On obtint plus tard d'autres individus vivants de la même espèce : l'étude des veines fut poursuivie ; il fut constaté par quel mécanisme élégant le sang remonte des poches pulmonaires, situées à la face ventrale, au cœur, occupant la face dorsale. C'est un ravissant jeu de pompe foulante exécuté par des instruments d'une infinie délicatesse et d'une puissance dont aucune machine d'invention humaine ne permet la comparaison.

Les araignées sont en général très fécondes, et pourtant on ne voit pas, en divers pays, leur population augmenter d'une manière sensible. La fécondité est toujours en rapport avec la multitude des dangers qui menacent les individus. Les bêtes habiles à tendre des pièges sont faites, surtout dans le jeune âge, pour tenter la gourmandise des oiseaux et des insectes carnassiers. Toutes, sans exception, pondent des œufs. De ces œufs sortent des êtres ayant déjà, les formes et l'aspect des parents. Mères presque incomparables par les soins, la vigilance, le dévouement, les araignées ne témoignent de sentiment que pour leur progéniture. Dès l'instant que les petits sont en état de quitter la mère, loin de jamais se rapprocher, ils s'isolent. Tant que la maternité la laisse sans préoccupation, l'araignée ne vit que pour elle-même, étrangère à l'existence de tout autre individu de sa race, qu'elle dévore impitoyablement s'il se trouve à sa portée. Dans un pareil monde, en vérité, il n'y a pas d'amours. On croirait les femelles absolument indifférentes. Un mâle désire-t-il contracter mariage, c'est avec des précautions inouïes qu'il procédera, tant il a conscience d'être mal accueilli. Enfin, s'il est adroit, il y aura une étreinte d'un instant, et, tout aussitôt, profitant de ses jambes, plus longues que celles d'une épouse féroce, il se dérobe au plus vite. Sa faiblesse relative en ferait une victime. Pauvre mâle ! lui, ne connaît pas les joies de la paternité, mais il renouvelle sans doute les courts instants de plaisir, car les deux sexes sont représentés de la façon la plus inégale, les femelles étant dix ou vingt fois plus nombreuses que les mâles.

Les faits qui viennent d'être rapportés s'appliquent à la généralité des araignées. Mais les différons types fournissant l'exemple d'industries, d'aptitudes et de mœurs d'un caractère spécial, il faut donc s'attacher aux histoires particulières.

Section II

Est-ce à la lisière de la forêt où s'élèvent de beaux arbres, dont les troncs montrent une écorce plus ou moins fendillée, est-ce dans la campagne, où se dresse un mur quelque peu crevassé, en pareils lieux, on peut s'attendre à voir d'intéressantes créatures et à surprendre des scènes curieuses, surtout dans les journées chaudes de l'été, lorsque brille le soleil. De petites araignées sont éparses, quelques-unes réunies en groupes et ne manifestant aucune hostilité les unes contre les autres. Qu'elles sont donc jolies les mignonnes ! D'une vivacité charmante, elles recherchent la plus vive lumière. Elles ont des parties du corps tantôt lisses et brillamment colorées, tantôt ornées de dessins réguliers, élégants, que forme une fine pubescence blanche, jaune ou rouge. L'amateur essaie de s'emparer d'une de ces bêtes gracieuses, mais le voilà désappointé. La petite araignée fait un bond prodigieux ; elle est loin. C'est une sauteuse ; elle appartient au groupe que les naturalistes ont appelé les *saltiques*. Au milieu des singularités de la nature, on est saisi de certains rapports de physionomie entre des êtres d'organisation fort dissemblable. Ce sont des ressemblances faites sans doute pour tromper un ennemi comme elles trompent un observateur inexpérimenté. Beaucoup de saltiques semblent vêtues du costume des insectes hyménoptères qu'on nomme les mutilles : d'autres espèces ont l'aspect de fourmis. Peut-être, à la faveur de ce déguisement, échappent-elles plus aisément à la poursuite des animaux voraces. Ne produisant qu'une faible quantité de soie, les saltiques s'établissent dans une crevasse de muraille, dans une fissure d'écorce, sous un abri formé par des branchages, et d'un tissu lisse ou floconneux se constituent une loge. Au moment de pondre, la saltique s'enferme dans sa coque ; l'espèce pauvre dépose ses œufs sans autre couverture ; l'espèce un peu plus fortunée les enferme dans un sachet à parois minces et presque diaphanes.

Incapables de tendre des pièges, les saltiques sont des chasseresses qui jeûnent si le temps est mauvais ; sortant de leur retraite quand les jours sont propices, elles se répandent aux alentours. Pourvues d'yeux occupant toute la largeur de la région céphalique, les uns assez petits, les autres d'un volume énorme, avec sûreté elles sondent l'espace, explorant avec lenteur. Un moucheron est-il en vue, l'araignée fond sur la proie avec une rapidité vertigineuse. Rarement elle le manque, tant elle a bien mesuré la distance ; mais eût-elle commis une faute, il ne lui arrivera aucun mal ; au point de départ, elle a fixé un fil qui se déroule pendant sa voltige ; elle ne tombera donc point à terre, elle n'ira point se heurter contre un corps dur capable de la blesser. Un instant suspendue, elle saura bien reprendre la place qu'elle veut occuper.

Dans tous les mondes, il y a des riches et des pauvres ; il en est ainsi parmi les araignées. Les unes disposent d'une immense quantité de matière textile qui sans cesse se renouvelle ; les autres n'en produisent que bien peu. Ces dernières n'ayant pas le moyen de construire des retraites, de tendre des pièges, ont pour toute demeure les cavités qu'elles rencontrent sous les pierres, sous les feuilles mortes ou dans les troncs d'arbres et dans les murailles. Chasseresses pour les exigences de la vie, elles parcourent les campagnes, guérets brûlés du soleil ou prairies humides ; plusieurs d'entre elles se plaisent au bord des eaux, même sur les plantes aquatiques, où elles trouvent aisément à s'emparer de quelque proie, grâce à l'agilité de leurs mouvements. Telles sont les *lycoses*. En nos pays, c'est-à-dire dans l'Europe centrale, les espèces de petite taille et de couleur sombre n'ont rien pour charmer les regards, et personne n'y porte attention. Cependant, à certains jours, l'observateur un peu avisé, le penseur méditatif, s'arrête à la vue de la lycose qui traverse rapidement le chemin ou cherche à se dérober parmi les herbes. La bête faible et craintive porte sur son vêtement noirâtre une petite coque ronde d'une entière blancheur ; — c'est le sachet contenant les œufs. A confectionner la petite bourse, l'araignée a dépensé toute la soie dont elle disposait. Mère d'une vigilance incomparable, n'ayant pas de domicile, sa ponte effectuée, bien protégée entre les parois soyeuses de la coque, elle n'abandonne pas un instant le berceau de sa progéniture. Parvient-on à saisir une lycose en sa promenade et à détacher son cocon, la bête, qui dans les circonstances ordinaires ne songe à éviter le danger que par la fuite, dressée sur ses pattes, ses pinces relevées, menace l'agresseur. Le cocon est-il à terre, elle est agitée par la volonté de le ressaisir et d'échapper au plus vite. L'amour maternel se révèle ainsi chez des créatures méprisées du genre humain avec une intensité trop vraie pour n'être pas touchante. Arrive l'éclosion des jeunes ; à peiné nées, les petites araignées s'accrochent au corps de leur mère et voilà celle-ci qui porte ses enfants jusqu'au jour où ils seront assez forts pour suivre une proie, assez rusés pour tromper un ennemi, assez ingrats pour ne plus connaître une mère dont les soins sont désormais inutiles.

Dans l'Europe méridionale, en Afrique, en quelques parties de l'Asie, habitent de grosses lycoses parées de couleurs assez vives. Errantes comme leurs congénères des pays froids ou tempérés, ayant sur elles l'avantage d'une existence beaucoup plus longue, elles ont des retraites fixes. Elles se creusent un terrier, tapissant les parois, garnissant l'entrée de quelques fils enchevêtrés, manière de défense, sorte de barricade qui ne se recommande point par la perfection. Il est une de ces belles lycoses qui est célèbre sans l'avoir mérité : la tarentule, qu'on voit fréquemment en promenade au pourtour du golfe de Naples. Montrez du doigt l'innocent animal à un habitant de la contrée, vous le verrez se jeter en arrière et vous l'entendrez tenir un étrange discours : Terrible bête est la tarentule ; sa piqûre produit des effets épouvantables ; l'individu atteint est en proie à l'agitation la plus désordonnée, à une sorte de délire qui le mènerait au trépas si, au pays napolitain, où les gens sont tous ingénieux et musiciens, n'avait été inventée une danse gaie propre à guérir du mal occasionné par la tarentule. L'idée napolitaine s'est répandue par le monde, et ainsi s'est propagée la locution : On le croirait piqué de la tarentule, en parlant d'un homme agité de mouvements brusques. Rien de la légende pourtant ne répond à la réalité ; encore une illusion poétique à perdre. Des contemplateurs de la nature ont voulu être piqués de la tarentule et, l'expérience faite, ils n'ont en aucune façon perdu la tête ; c'est tout juste si une légère démangeaison a persisté quelque temps à l'endroit même où l'araignée, de la pointe de ses crochets, avait fait jaillir le sang à la manière d'une piqûre d'aiguille.

Entraînés à la poursuite des lycoses courant sur les plantes qui s'étalent à la surface des eaux tranquilles, peut-être, sans changer de place, trouverons-nous l'occasion propice pour nous instruire d'un fait de la nature mis au nombre des plus remarquables. En divers points de la France, comme en d'autres parties de l'Europe, de petites rivières sont habitées par une sorte d'araignée de mœurs vraiment extraordinaires : une araignée aquatique ! La première observation causa une grande surprise à son auteur, et cet auteur est devenu presque célèbre pour avoir étudié l'araignée que les naturalistes de nos jours appellent l'argyronète aquatique. C'était en 1747 ; le Père de Lignac, après avoir raconté comment il s'était baigné dans une petite rivière à quelques lieues du Mans, s'écrie : « Je fus surpris d'un événement admirable ; des bulles d'air, éclatantes comme l'argent le plus poli, semblaient nager autour de moi et me chercher. Leurs mouvements libres et non déterminés ni par le mouvement de l'eau, ni par la légèreté de l'air, m'annonçaient qu'elles étaient animées. Mais bientôt, ma surprise fut changée en saisissement : je vis que c'étaient de grosses araignées dont le corps, qu'on voyait à travers, était enveloppé d'air. » Cette fois, notre baigneur ne poussa pas plus loin l'examen. Deux ans plus tard, un ami l'entretenait de la présence d'araignées aquatiques dans l'Erdre, la jolie rivière qui, à Nantes, se jette dans la Loire après avoir fait le charme d'une contrée où on la voit tantôt serpenter comme un fil, tantôt se perdre dans des marais. Profitant de l'occasion, Lignac s'empara d'un certain nombre d'individus de l'espèce dont les habitudes semblent si éloignées de celles des autres représentants du même ordre, tous attachés à la vie terrestre. Ainsi que toute araignée, l'argyronète a une respiration aérienne ; par intervalles, elle grimpe volontiers sur les plantes flottantes et parfois se promène sur le rivage ; néanmoins, l'eau est son séjour presque permanent et, ne pouvant respirer que l'air, elle avait besoin de posséder l'art de construire des logements appropriés à sa condition d'existence. Dans leur orgueil, les hommes disent avoir inventé la cloche à plongeur, et pourtant l'appareil existe dans la nature depuis une époque si lointaine qu'il n'est possible à personne d'en soupçonner la date. C'est un curieux spectacle de voir l'argyronète occupée de la construction d'une cloche. Cramponnée à la face inférieure de quelques feuilles formant une sorte de voûte, l'araignée assure la position au moyen de fils tendus, monte à fleur d'eau, le ventre tourné vers le ciel ; elle courbe ses pattes postérieures, retient une couche d'air entre les poils dont son corps est revêtu. Alors la bestiole industrieuse, comme l'appelle Lignac, venant à plonger, apparaît dans sa robe argentée telle qu'on la vit pour la première fois. Tout de suite, elle se porte à l'endroit choisi et, se brossant le corps à l'aide de ses pattes, l'air se détache et forme une bulle sous la feuille attachée par des fils. L'argyronète entoure la bulle d'air de la matière soyeuse imperméable qu'elle tire de ses filières. Remontant à la surface de la nappe liquide, elle reprend une nouvelle couche d'air. C'est une bulle qui s'ajoute à la première, l'enveloppe est aussitôt agrandie en proportion du volume que le gaz occupe. La matière est renouvelée jusqu'à l'instant où la mesure convenable est obtenue ; en même temps, la paroi s'achève et la cloche à plongeur se montre dans son entière perfection. La construction de l'argyronète vraiment réussie a la forme d'un dé à coudre, mais souvent, elle prend l'aspect d'un sac renversé, de figure plus ou moins irrégulière. Quand notre araignée a pris possession de son réduit, elle y demeure tranquille, la tête en bas, épiant le passage de quelque insecte. Elle se précipite sur la proie qui est en vue et rentre aussitôt en son logis la dévorer à son aise, car l'argyronète arrête l'ennemi qui tenterait de violer son domicile par des fils entre-croisés au-devant de la cloche. En excursion sur les feuilles qui s'étalent au-dessus de l'eau, notre naïade ne manque pas l'occasion de saisir une mouche et de la transporter dans sa cellule. Les argyronètes, étant nombreuses sur un même point, manifestent entre elles les hostilités, si fréquentes parmi les araignées ; des individus en viennent à se jeter l'un sur l'autre et à se tuer.

Émile Blanchard

Viennent les jours où les argyronètes doivent contracter mariage ; les moments sont graves. Un mâle s'aviserait-il de se présenter en étourdi devant la cloche d'une femelle, il aurait toutes les chances de recevoir mauvais accueil ; ce serait s'exposer au sort le plus funeste. Ce mâle en a bien l'instinct ; aussi usera-t-il de diplomatie, de ruse et d'adresse. Il édifie une cloche près de celle d'une femelle et ajoute entre les deux une large galerie. Au bout de ses opérations préliminaires, il effondre la paroi du logis de la femelle et soudain celle-ci est prise dans une étreinte qui ne lui est pas toujours désagréable. Elle fera bientôt sa ponte ; après l'éclosion, les jeunes sujets habiteront quelque temps avec la mère, dont la sollicitude pour sa petite famille est inaltérable. Puis, tout à coup, les enfants, assez forts, acceptent la lutte pour l'existence et s'éparpillent. Chacun va, comme l'avaient fait ses parents, construire sa petite cellule et vivre solitaire.

Après avoir, à travers les champs et les bois, considéré les saltiques et les lycoses ; après avoir barboté dans la rivière ou dans l'étang en admiration devant l'industrie des argyronètes, il est naturel de prendre un peu de repos dans une maisonnette à l'entrée du village. Un autre cadre est offert pour continuer les observations sur le même monde. Dans une encoignure de la chambre, sous le plafond, s'étend une grande toile et sur la toile, aux aguets, se dresse une araignée pourvue de longues pattes. C'est l'araignée de toutes les habitations où sa présence est tolérée : la tégénaire domestique. Elle a un goût si prononcé pour nos demeures qu'elle en profite comme si les maisons des hommes étaient édifiées pour son propre usage. Habile dans l'art du tissage, la tégénaire dispose d'une masse de soie assez abondante ; sa toile consiste en une étoffe unie, cardée par des griffes pectinées, outils d'une exquise finesse, qui assurent la perfection du travail. Neuve, la toile est d'un beau blanc ; mais bientôt, salie par la poussière, elle offre un aspect répugnant sans que la propriétaire en paraisse incommodée. L'araignée domestique est craintive et elle ne se sentirait point en pleine sécurité si elle n'avait le moyen de fuir. Dans le coin du mur, un espace libre a été ménagé. C'est par ce chemin que la tégénaire se dérobera si elle se croit inquiétée. Au-dessous de la toile est établi un hamac spacieux où elle peut se réfugier. Au moment de sa ponte, elle installe ses œufs dans une coque soyeuse qu'elle cache sous des corps étrangers, duvet ou brins de mousse, afin de la dissimuler aux convoitises des animaux qui prisent les mets délicats. Durant l'incubation, l'excellente mère est presque sans cesse en surveillance près de son cocon, oubliant de se nourrir. Quand les jeunes se sont éloignés de leurs berceaux, l'araignée, amaigrie, remonte sur sa toile, reste attentive à saisir toute proie afin de se réconforter ; alors les mouches tombent en nombre et leurs cadavres jonchent le sol. Notre tégénaire n'habite que rarement les lieux préférés de tant de créatures, les trous des rochers, les creux des vieux arbres. Il est des espèces du même genre, vivant toujours à l'air libre, dans les pays où la température n'est jamais rigoureuse, le midi ou le centre de l'Europe, qui, sous les climats froids comme aux pays Scandinaves, s'insinuent dans les maisons ; les bêtes bien avisées comprennent qu'il faut se mettre à l'abri du froid pour être agréablement logées.

Habitants des villes, tout fiers de la possession d'un hôtel ou d'un appartement qui charme par la tenue irréprochable, ne vous indignez pas d'une communauté d'existence avec les araignées. A la campagne, on apprécie le rôle de ces filles d'Arachné. Dans les chambres et dans les étables, on ne s'avise ni de les détruire, ni de les déranger. Les mouches, partout si incommodes, sont une perpétuelle cause d'ennui pour les populations et de tourment pour les animaux. Dans les toiles périssent les mouches ; le nombre de ces insectes désagréables s'en trouve diminué d'une manière très sensible, et la bonne fermière s'écrie : Vraiment, les araignées sont de précieux serviteurs donnés par la nature.

Section III

En la belle saison, par une journée claire et ensoleillée, dont le charme est troublé par l'énergie du vent, flottent dans l'air de longs fils et même des flocons tout blancs comme la neige. Parfois, couvrant les herbes des prés fleuris, ils ondulent sous la brise, et produisent dans la verdure des miroitements du plus étrange effet. Les citadins en promenade qui voient ces fils s'accrocher à leurs vêtements se demandent d'où ils viennent. Interrogée, la jeune paysanne répond sans hésiter : Ce sont les *fils de la Vierge*. Avec plus de vérité, le naturaliste dirait : Ce sont les fils comme abandonnés au hasard par certaines araignées fort communes dans les prés et dans les champs et qu'on appelle des *thomises*. Errantes pour les besoins de la vie et pour les exigences des amours, les thomises se tiennent sur les plantes basses et même sur les arbrisseaux ; araignées de petite taille, recherchant la vive lumière, elles ont de fraîches couleurs qui parfois se confondent avec celles des fleurs et les dissimulent aux convoitises des animaux carnassiers. Les thomises ont des mouvements brusques, et rapides, et une allure singulière due à la largeur du ventre ; elles marchent à la manière des crabes qu'on voit courir sur les plages maritimes. Ne fabriquant aucune toile, elles guettent les insectes au passage et se précipitent sur le gibier dans un élan si soudain et avec une adresse si extraordinaire qu'elles manquent rarement de l'atteindre. La soie dont elles disposent sert particulièrement au transport des jeunes sujets cramponnés sur les blancs flocons que le vent soulève. Les thomises s'abritent sous des pierres, sous des végétaux ou dans des excavations ; au moment de la ponte, elles confectionnent un sachet pour renfermer les œufs, et à partir de cet instant, elles deviennent sédentaires et oublient de se nourrir pour veiller sur leur postérité.

Autant les papillons de jour brillent à côté des phalènes, autant les *épéïres* semblent avoir d'avantages sur les autres araignées. Elles ont la plupart ou de jolies couleurs ou d'agréables nuances ; entre toutes les fileuses elles ont le rang suprême. En Europe, il est vrai, les représentants du groupe ont une apparence assez modeste, tandis qu'aux pays des tropiques, avec la grande taille, les espèces affectent dans la parure un véritable luxe. Elles sont nombreuses sur notre globe, les épéïres, si nombreuses qu'elles forment une grande famille, les épéïrides, composée de plusieurs genres ; mais c'est une famille dont tous les membres sont si étroitement unis, qu'ils portent tous les mêmes signes généraux et- se montrent en possession du même genre d'industrie.

Les épéïres ourdissent des toiles d'énormes proportions, à larges mailles régulières. Comme elles travaillent en plein jour, au milieu de la plus belle nature, on peut se plaire à les suivre dans des opérations qui semblent s'exécuter pour ravir un philosophe. Le spectacle se renouvelle tous les étés sur notre chemin. Qui ne connaît la grosse araignée des parcs et des jardins, dont la toile embarrasse souvent les avenues ; l'épéïre diadème, de couleur jaune rougeâtre, marquée en dessus, en traits sombres, d'une sorte de dessin que l'on compare à une croix de saint Denis [2] ! Postée sur un rameau de troène, de lilas ou de cytise, notre épéïre laisse échapper un fil soyeux. Sous le regard de l'observateur, ce fil s'allonge, et, bientôt entraîné par le plus léger souffle de l'air, ira s'accrocher à la branche de quelque arbrisseau, souvent à certaine distance du point de départ. Alors, notre fileuse s'élance sur cette corde aérienne, l'assujettit à la place où elle s'est fixée, rectifiant, s'il est nécessaire, la ligne horizontale. Les plus adroits équilibristes des cirques, amusant la foule par des danses sur la corde raide, perdraient beaucoup à se mesurer avec l'épéïre des

jardins, qui, dans toutes les attitudes, manœuvre sur un fil d'une té-
nuité idéale avec une aisance et une agilité qui défient toute comparaison. Après la pose de la corde aérienne, de nouveaux points d'appui étant choisis sur les branchages, des fils tendus ne tardent pas à
constituer un cadre polygonal. Ce travail exécuté, l'araignée remonte
sur le pont qui a été jeté tout d'abord, et, s'arrêtant juste au milieu,
comme si elle calculait à la manière d'un géomètre, elle se laisse
choir, la tête en bas, suspendue à un fil que doit partager en deux le
cadre polygonal. Au point central est établi un petit flocon soyeux
qui sert d'appui à tous les rayons, divergeant entre eux, jusqu'à la
périphérie, d'une façon absolument régulière. La trame est faite ; une
dernière opération va s'accomplir. Un fil agglutinant doit être collé
sur les rayons et former une véritable spirale. L'épéïre vient au centre
de la toile, tire le fil, qu'elle attache au flocon soyeux et passe de rayon
en rayon, décrivant des cercles jusqu'au cadre extérieur. Elle termi-
nera le travail en marchant de la circonférence vers le centre, afin
d'interposer de nouveaux cercles entre les premiers, impossible de
réaliser plus savante combinaison pour obtenir un réseau charmant,
une dentelle d'une admirable perfection. Des accidents surviennent
aux toiles de notre épéïre : la rafale de vent, pendant l'orage ; le coup
d'aile de l'oiseau, lancé à la poursuite d'un insecte, les mettent hors
d'usage. L'habile fileuse n'est sans doute que médiocrement affectée
d'un tel désastre ; en moins d'une heure elle aura construit un nouveau réseau. C'est dans les circonstances où la toile a subi un simple
accroc qu'elle montre les ressources de son intelligence ; on la voit
faire la reprise convenable avec une sûreté qui attire à l'ouvrière la
considération de l'observateur. Pour l'exécution d'ouvrages exigeant
la précision, des outils particuliers sont nécessaires ; aussi, les crochets qui terminent les pattes de l'épéïre offrent-ils une complication
beaucoup plus grande que chez les autres araignées. Un des crochets
est fendu ; c'est une fourche qui permet à l'artiste de retenir ses fils et
de les poser où il convient.

Dans l'attente, l'épéïre se tient au centre de la toile, la tête en bas.
Un insecte vient-il se heurter au piège, elle se précipite sur le gibier,
qui tout aussitôt, par un fil, se trouve maintenu et lié de façon à ne
pouvoir échapper. A la fin de l'été, la fileuse de nos jardins, effec-
tuant sa ponte, emprisonne ses œufs dans un cocon formé d'une
soie différente des deux sortes de matière textile qui entrent dans la
constitution de la toile. La pauvre mère, qui doit mourir en automne,
prend soin de cacher le berceau de sa progéniture dans un endroit
aussi abrité que possible. Les jeunes sujets, éclosant au printemps,

demeurent quelques semaines rapprochés les uns des autres, comme en une famille, puis se dispersent pour aller vivre dans l'isolement où se complaisent en général les filles d'Arachné.

En différentes parties des Indes orientales, au milieu des îles de l'Océan-Pacifique, habitent les brillantes épéïres, de proportions superbes. Les espèces sont nombreuses, et, en beaucoup d'endroits, les individus sont en multitude. Plusieurs de ces araignées aiment s'établir au-dessus des cours d'eau, et c'est là que le spectacle qu'elles offrent aux yeux est le plus ravissant. Qu'on essaie de se figurer une rivière, paisible ou torrentielle, bordée d'une exubérante végétation, un fouillis où les plantes les plus disparates se confondent pour former l'ensemble le plus harmonieux. Des fleurs étranges se détachent dans les massifs verdoyants, des arbres projettent des branches qui s'inclinent et s'enchevêtrent. A la hauteur des grands arbres, des épéïres ont fixé leurs toiles d'une rive à l'autre, et, de la pirogue que manœuvre l'insulaire, le voyageur éprouve une surprise à la vue de ces constructions aériennes si délicates, qui se succèdent souvent à de courts intervalles, donnant au paysage des effets inattendus. Sur chacune de ces toiles apparaît d'ordinaire la grosse araignée, tantôt immobile, tantôt frémissante, si elle est aux prises avec une victime. A certains moments de l'année se dessinent, suspendus aux réseaux aériens, des globes jaunes comme l'or. Ce sont les coques qui renferment les œufs. En édifiant leurs filets au-dessus des torrents, les épéïres sont conduites par le plus heureux instinct ; au sein d'une végétation particulièrement touffue elles trouvent de vastes espaces libres propices à une large installation. Là, mieux qu'ailleurs, elles échappent à des ennemis voraces, avec la bonne fortune de prendre aisément au piège des cohortes d'insectes dont elles se nourrissent. Ce ne sont pas seulement des mammifères et des insectes, des lézards et des oiseaux qui se montrent friands d'araignées. Par le monde, chez une infinité de peuplades, les belles fileuses sont regardées comme un mets délicieux. Aussi, une grosse espèce, très répandue dans les archipels de la Polynésie, très recherchée des insulaires, est-elle appelée l'épéïre comestible [3].

En 1862, M. Dupré, capitaine de vaisseau, avait reçu la mission de se rendre à Madagascar pour complimenter, au nom du gouvernement français, le roi Radama II de son avènement au trône. A l'Ile de la Réunion, le commandant avait eu l'heureuse inspiration d'inviter à l'accompagner le docteur Vinson, médecin à Saint-Denis. Doué de l'esprit d'observation qui fait jaillir des clartés partout où il s'applique et animé du noble désir de marquer les traces d'un voyage, M. Vinson a servi avec bonheur les intérêts de la science. Il a fait connaître l'industrie de la soie chez les Hovas, et, déjà préparé par des études sur les araignées de l'Ile de la Réunion et de l'Ile Maurice, il a poursuivi ses recherches sur les espèces de Madagascar. Nous avons eu de la sorte un ensemble de notions nouvelles qui dépasse en importance tout ce que l'on possède d'ailleurs de renseignements sur la vie des araignées des régions chaudes du globe. Aussi voulons-nous, pour quelques instants, suivre l'excellent observateur dans ses pérégrinations aux îles Mascoreignes et sur la terre de Madagascar.

En ces lieux, au sein d'une végétation tropicale, des épéïres, qui comptent parmi les plus grosses et les plus belles, bâtissent des toiles verticales qu'elles attachent aux arbres et aux arbrisseaux par de longs fils d'une extrême résistance ; — des fils dont on pourrait vraiment fabriquer de bonnes étoffes. A l'île de la Réunion domine l'épéïre noire ; à l'Ile Maurice, l'épéïre dorée, une bête magnifique, dont le corps, long de quatre à six centimètres, a sur les parties supérieures un large espace du plus beau jaune, que relèvent deux rangées de points noirs [4]. L'espèce de Madagascar, que volontiers les Malgaches croquent à belles dents, l'emporte encore par l'éclat de la parure. Son bouclier dorsal noir est vêtu d'une pubescence argentée ; son abdomen, où s'entremêlent, de la façon la plus harmonieuse, les couleurs de l'ébène, de l'or et de l'argent, ses pattes, d'un rouge de feu, le distinguent comme une créature privilégiée. Chez les araignées, en général, nous l'avons dit, les mâles, par la taille, sont inférieurs aux femelles ; mais il est rare de rencontrer l'énorme disproportion qui existe entre les deux sexes chez l'épéïre noire et chez l'épéïre dorée ; le mâle est un véritable myrmidon près de sa femelle. Le contraste saisit lorsque, à l'époque des amours, on le voit s'aventurer sur le domaine d'une femelle, ou lorsque, au voisinage du vaste réseau de cette dernière, il installe sa petite toile.

Dans les contrées méditerranéennes, de charmantes épéïres, au vêtement plus au moins argenté, façonnent un tissu à mailles régulières, qui présentent une singularité [5]. On l'avait vu et l'on avait passé, sans rien apprendre à ce sujet : une observation faite aux pays lointains allait nous éclairer. Au milieu des savanes humides de l'île Maurice et de l'Ile de la Réunion, une de ces jolies espèces de ce fameux genre épéïre devait exciter la surprise et susciter l'intérêt, moins à cause de ses avantages personnels qu'à raison de son industrie. L'araignée confectionne un réseau analogue à celui de ses congénères, mais à ce réseau s'ajoute un fil plié en zig-zag, d'une grosseur énorme, si on le compare à ceux dont la toile est formée, et ce fil attire d'autant mieux le regard qu'il brille comme de l'argent. Intrigué par la présence de cette sorte de câble d'aspect métallique, M. Vinson se préoccupe d'en découvrir l'usage, et il espère arriver au but en le détruisant sur plusieurs toiles. Il coupe donc le gros fil qu'il n'a vu remuer en aucune rencontre ; quelques heures après, un nouveau câble était construit, occupant sa place ordinaire. Dix fois l'épreuve est renouvelée, et toujours la bête patiente répare le dommage qui a été causé sans en paraître autrement troublée. Des mouches, de faibles insectes se jettent dans la toile ; l'araignée les saisit, les enveloppe, s'ils menacent d'échapper, de quelques fils ténus, et le câble reste sans emploi. Notre observateur perdait courage et allait renoncer à connaître le mystère qu'il s'efforçait depuis longtemps de pénétrer, lorsque, un matin, jetant un regard dédaigneux sur des toiles qu'il avait pu contempler des heures entières sans succès, une sauterelle se heurte au piège ; soudain, l'araignée détache le gros fil et, avec une prestesse inimaginable, lie l'insecte que les fils où s'embarrassent les mouches eussent été impuissants à retenir : le rôle de ce câble était reconnu ; il ne restait plus qu'à glorifier une des merveilles de la nature jusqu'alors ignorée. Désormais, l'observateur put à son gré varier les expériences ; il suffisait de lancer à l'épéïre de volumineux insectes pour qu'elle fît usage de son gros fil ; tant qu'on ne lui offrait qu'une proie faible, elle ne songeait point à le toucher.

Sans doute, la plupart des épéïres se plaisent au grand jour ; cependant, quelques-unes de leurs sœurs sont les hôtes de la nuit. Aux îles Mascareignes et à Madagascar, vivent des espèces qui, au crépuscule du soir, tissent une toile qu'elles détruisent au crépuscule du matin. Durant la journée, elles se tiennent blotties entre des feuilles ramassées de façon à former un nid. Les toiles de ces êtres nocturnes sont des réseaux à larges mailles d'apparence un peu grossière si on les compare aux toiles destinées à un long usage ; le nomade, obligé de dresser sa tente ou de bâtir sa cabane chaque soir, ne pense ni au luxe, ni à la perfection du travail. Pour passer les journées, plusieurs de ces filles de la nuit ne se contentent pas d'un misérable abri formé de feuilles, elles construisent, d'un tissu soyeux, un tuyau ou mieux une galerie, sorte de boudoir élégant. De ces raffinées il en est de fort remarquables dans notre colonie de l'Ile de la Réunion et à Madagascar. L'épéïre de Bourbon, au corps rouge sombre comme la cerise bien mûre et aux longues pattes d'un noir lustré, abonde dans la contrée montagneuse de Salasie, installe son filet pour la nuit et son agréable retraite pour le jour sous les toitures des maisons, les saillies des rochers, les branches des grands arbres [6]. L'épéïre livide, de taille plus grande, de charmante teinte lilas, vit dans le même luxe, sous les toits des habitations malgaches de la province d'Imerina [7].

Que les épéïres, qui marquent dans leur monde comme de très hauts personnages, retiennent l'attention et séduisent les observateurs, rien de plus naturel. Cependant, on aurait tort de dédaigner les humbles. Au milieu de la végétation, sur les murs des villages et même des grandes villes, errent des araignées que leurs faibles proportions conduiraient à faire classer parmi les plus insignifiantes. Ces humbles jouent un rôle dans la nature et servent parfois les intérêts des agriculteurs en opérant la destruction d'une infinité d'insectes nuisibles : tels les théridions. De ces êtres chétifs, les uns forment, de fils simples et brillants, une toile à larges mailles, tandis que d'autres confectionnent un véritable tissu qui repose directement sur des herbes ou qui est fixé aux plantes par des liens plus ou moins irréguliers. D'ordinaire, les théridions se tiennent sous les toiles et se précipitent sur la proie en l'embarrassant de fils. Les femelles façonnent plusieurs cocons pour contenir leurs œufs et elles les gardent dans leurs filets ; certaines espèces édifient un abri en forme de dôme au moyen de corps étrangers retenus par des cordages. Souvent, dans les vignobles, les raisins sont couverts d'une toile si fine qu'elle échappe aux yeux de la personne qui mord dans la grappe avec avidité : une petite araignée était sous la toile ; inaperçue, elle a été avalée. Walckenaer, le premier, ayant considéré l'animal, le nomma le théridion bienfaisant [8]. Propriétaires de vignobles, à la fois ignorants et ingrats, vous ne connaissez pas le théridion bienfaisant et vous ne vous préoccupez en aucune laçon.de l'immense service dont vous lui êtes redevables. Le théridion vit en partie d'insectes qui portent préjudice à la vigne ; sa petite toile suffit à protéger les raisins contre les attaques de divers animaux très amis des bons fruits, mais ayant crainte de s'embarrasser la bouche de fils d'araignées.

D'une manière très générale, les araignées prennent souci de s'isoler les unes des autres ; c'est, affaire d'instinct : s'il n'en était ainsi, ce seraient de perpétuels égorgements. Malheur à la plus faible ou à la moins adroite ! Deux araignées en présence ne manquent (1) guère d'être prises de la terrible envie de se dévorer. Aux règles qui affectent le mieux le caractère de généralité il y a de curieuses exceptions. En divers lieux du monde, de mignonnes araignées, on les appelle les linyphies, ne craignent pas d'attacher leurs toiles, d'un tissu lâche ou serré, sur le filet aux larges mailles des grosses épéïres. La propriétaire de la grande toile souffre sur son domaine ces parasites d'un genre particulier, qui n'attirent dans leurs réseaux que des moucherons, tandis qu'elle saisit les insectes capables de fournir un copieux repas. Une araignée devenant protectrice des faibles, cela nous éloigne bien des actes de férocité dont de nombreux exemples ne laissent aucune impression agréable.

Telles linyphies aux formes bizarres, ayant dans leur plus beau développement de 4 à 6 millimètres, sont parées, sur un fond brun rouge, de couleurs d'or et d'argent qui brillent à la lumière d'un vif éclat [9]. On les remarque dans le midi de l'Europe et en Afrique, installées sur un mince réseau entre les mailles de la toile d'une superbe épéïre. Durant une période de l'année, ce qui ajoute à la singularité de l'ensemble, c'est la présence de la coque de la linyphie : un tout petit ballon suspendu au filet de l'épéïre par un frêle pédicule. Faut-il donc se défier même de ses commensaux ? On le croirait, après la scène qui s'accomplit un jour sous les yeux d'un observateur. Une épéïre et une linyphie vivaient dans les meilleurs rapports : la grosse araignée fut arrachée de son domaine ; restait le berceau de sa famille, désormais sans défense. Au lendemain, la linyphie avait ouvert le cocon et mangeait tranquillement les jeunes épéïres à peine écloses.

Section IV

Certaines légions d'araignées, supérieures à toutes les autres, vivant dans l'ombre, paraîtront les plus extraordinaires par les mœurs, les instincts, peut-être l'intelligence. Les espèces, ne fabriquant pas de toiles ont, les unes de pauvres refuges, les autres des demeures assez simples, les autres encore des habitations tout à fait somptueuses. Sous notre ciel, il en est plusieurs qui, dans les endroits dissimulés, confectionnent, d'une soie fine et blanche, d'élégants tuyaux dont elles font une résidence presque permanente. Dans ce groupe, les ségestries comptent parmi les plus belles. La ségestrie florentine, ou ségestrie perfide suivant les auteurs, la grosse espèce du genre, est d'un noir superbe avec les antennes-pinces d'un vert émeraude éclatant. Répandue à peu près par toute l'Europe, elle s'établit sous des corniches, dans des fissures de murailles ou des rigoles de rochers. Pendant de longues heures, immobile à l'entrée de son tube, guettant les mouches qui s'aventurent dans le voisinage, elle s'élance sur la proie avec une rapidité vertigineuse, embarrassant de ses fils l'insecte ailé, puis, à reculons, gagne le fond de sa retraite pour faire son repas dans l'ombre. Tandis que les araignées de tout autre type ont huit yeux, les espèces tubicoles n'en ont que six : le philosophe s'en émerveille. Chez la ségestrie, manquent les organes de vision dirigés en arrière ; ils n'eussent été d'aucun avantage pour l'animal emprisonné dans un tuyau fermé à l'extrémité. Ainsi, dans la nature, tout, dans l'organisme des êtres, est approprié à des conditions d'existence dont il n'est possible à aucune espèce de s'affranchir.

Dans les régions intertropicales de l'ancien et du nouveau-monde, plus particulièrement aux Antilles, à la Guyane, au Brésil, habitent les énormes araignées que les colons européens ont appelées les araignées-crabes et les naturalistes les mygales. A la vue de ces animaux armés de robustes crochets et pourvus de larges pattes, on sent que la souplesse et l'agilité s'unissent à la force musculaire. Entre tous les représentants du monde qui en ce moment nous occupe, c'est bien là que tout l'organisme se manifeste dans sa plus grande puissance physique. Les mygales ne produisent qu'une faible quantité de soie, juste ce qu'il en faut pour assurer la marche sur un plan vertical, pour barricader l'ouverture du lieu de retraite, pour lier une proie et réduire à l'impuissance les mouvements désordonnés d'une victime. Elles ont des griffes simples qui ne sauraient en aucune façon servir d'instruments de travail. Chasseresses, elles résident dans les creux d'arbres et n'en sortent que pour aller en course. Il a été dit de quelle manière, chez les araignées, les yeux sont heureusement disposés pour rendre le meilleur office dans toutes les circonstances où doit s'écouler la vie de l'espèce. C'est à considérer les grosses mygales qu'on est frappé des étonnantes ressources de la nature. Chez elles, les yeux ne sont pas dispersés comme chez les autres araignées ; au milieu de la région céphalique, une éminence s'élève et sur cette sorte de colline sont groupés les organes de vision ; les deux plus gros en avant, deux de chaque côté, deux en arrière. Aussi, la robuste aventurière est-elle habile à reconnaître à tout instant la proie qu'elle convoite, les êtres qu'elle doit craindre ou mépriser, l'ennemi qu'il faut redouter. Les grandes mygales aux courant leurs sombres sortent particulièrement aux heures du crépuscule et de la nuit, s'emparant avec la même audace du gros insecte, du petit lézard ou du charmant colibri.

On ne connaissait parmi les araignées que de savantes fileuses lorsque, au cours de l'année 1768, on vint déclarer à l'Académie des sciences qu'on avait découvert un nouveau sujet d'admiration dans la variété infinie de la nature. L'abbé Sauvage, de la Société royale de Montpellier, annonça un fait qui alors sembla vraiment extraordi-

Émile Blanchard

naire ; il s'agit d'une araignée « qui ne tend aucune sorte de filet, mais qui se creuse un terrier comme un lapin et, plus industrieuse encore, ajoute une porte mobile. » L'espèce avait été observée sur les bords des chemins aux environs de Montpellier et sur les berges de la petite rivière du Lez. Peu auparavant, à la Jamaïque, un explorateur, Patrick Browne, avait rencontré un nid de construction analogue, beaucoup plus grand, infiniment moins parfait. Depuis le dernier siècle, on a souvent parlé en France des araignées maçonnes ; en Angleterre, des araignées qui ont des portes-trappes. Quelles sont donc ces ouvrières si habiles, ces araignées de mœurs et d'industrie si différentes de celles de toutes les autres araignées ? Tout d'abord, on les déclara des mygales ; — on les jugeait du même type que les chasseresses de l'Amérique du sud. Certes, par l'ensemble de l'organisme, la relation est étroite entre les unes et les autres : par de petits détails de conformation la différence est notable, et il est d'un extrême intérêt d'en reconnaître l'importance. De même que les grosses mygales, les maçonnes ont un corps trapu, de larges pattes, des yeux groupés sur une éminence du bouclier dorsal ; seulement, chez les maçonnes, à la partie inférieure des antennes-pinces, il y a une rangée de pointes, une sorte de râteau ; aux palpes se trouvent des épines, aux griffes des pieds existent des dents qui les font ressembler à des peignes microscopiques. Ce sont des outils, des instruments de travail qui manquent aux mygales, obligées de se contenter d'une demeure de hasard. Ainsi, pour les naturalistes, les maçonnes sont devenues les *cténizes*.

Pour donner la juste idée du logis des araignées maçonnes, nous devons appeler à notre secours la comparaison, et alors surgit une difficulté. Il faut comparer l'habitation de l'homme qui porte le signe de la misère à la retraite de la bête industrieuse qui porte la marque de l'aisance. En effet, dans les villes de la Flandre, on regarde avec un sentiment de compassion la pauvre famille qui habite une cave. Au soir, dans la rue obscure, l'étranger se heurte à des saillies ; ce sont les portes des caves, des trappes qui se soulèvent à l'aide d'un anneau et se ferment à l'intérieur au moyen d'un crochet. La fermeture est grossière ; à pénétrer dans la demeure en opérant la descente par une sorte d'échelle, le spectacle est navrant : les murs sont nus et humides. L'air et la lumière affaiblie ne parviennent qu'aux heures où l'état de l'atmosphère permet de tenir la trappe ouverte. Il y a moins d'un demi-siècle, dans les Trilles du nord de la France, les caves étaient nombreuses et beaucoup d'entre elles de la pire condition. Aujourd'hui, elles sont plus rares et celles qui persistent, un peu moins mal aménagées qu'autrefois ; néanmoins, personne encore n'a songé au bonheur d'habiter une cave à Lille, à Cambrai ou à Dunkerque.

Oui, c'est à la cave de la pauvre famille flamande qu'il faut comparer la charmante habitation des araignées maçonnes ; il y a des analogies dans le mode de fermeture et dans la façon d'entrer dans le domicile. Cependant, on doit juger fort agréables les logis des cténizes. A l'extérieur, ils sont si parfaitement dissimulés que seul un observateur expérimenté réussit à distinguer leur présence à la surface du sol. Rien, tout d'abord, ne fait soupçonner le luxe, et bientôt on sera conduit à penser à la demeure de quelque riche Arabe. Au dehors, afin de n'exciter aucune convoitise, tout garde l'apparence de la misère, tandis qu'au dedans règne la netteté, l'élégance, les gracieuses dispositions qui plaisent aux gens de goût. Ainsi, dans le midi de la France et dans presque toute l'Europe méridionale, cachées aux regards des simples mortels, abondent les constructions des araignées maçonnes. Dans les terres compactes, exemptes de pierres et même de gravier, où nulle infiltration n'est à craindre, sont pratiquées les nids souvent fort rapprochés les uns des autres des maçonnes. Chacun de ces nids consiste en un trou vertical, sorte de puits ayant des proportions en rapport avec la taille de l'architecte. Le tube bien cylindrique est régulièrement évasé vers l'orifice. Un trou creusé dans la terre ! N'y a-t-il donc pas une foule d'animaux se livrant à pareille besogne ? Peut-être ; néanmoins, les ouvrages des araignées maçonnés restent uniques. En effet, il ne suffit pas à ces créatures d'élite d'habiter un vulgaire taudis. Avec la soie dont elles disposent, les parois de l'étroite demeure sont tapissées du plus doux satin qu'on puisse imaginer. On estimera que de tels réduits sont des boudoirs enchantés. Il ne faudrait pas croire que les nids restent ouverts, l'habitant exposé à être saisi et mangé par des animaux carnassiers. Une porte solide, une trappe qu'il n'est facile ni de briser, ni d'enfoncer, forme une clôture vraiment surprenante. Avec les matériaux rejetés pendant le forage du puits, la porte est façonnée ; les particules terreuses agglomérées par couches au moyen de la matière soyeuse. Taillée un peu en cône de manière à répondre à l'évasement du cylindre, elle ne peut céder sous une pression venant du dehors. A l'extérieur, elle est inégale, rugueuse comme le sol qui l'entoure, ce qui la dérobe à l'attention des ennemis. A l'intérieur, elle est joliment tapissée comme la demeure elle-même. A une porte une charnière est indispensable, une serrure souvent bien nécessaire. Ces avantages n'échappent point aux industrieuses cténizes. La charnière, formée d'une soie compacte et serrée, offre une incroyable résistance et une élasticité telle que la trappe retombe infailliblement dès qu'elle cesse d'être maintenue. Ce qui tient lieu de serrure ou de verrou paraîtra plus primitif ; c'est une série de petits trous ressemblant à des piqûres d'aiguilles, disposés en cercle du côté opposé à la charnière. La trappe baissée, la fermeture est si exacte qu'on n'introduit pas l'instrument le plus délicat dans l'interstice sans risque de dommage. La recluse peut dormir en paix dans son réduit. Cependant, elle est pourvue de façon à ne point laisser mettre sa vigilance en défaut. Qu'un ennemi cherche à soulever la trappe : aussitôt cramponnée dans son puits, ses griffes enfoncées dans les petits trous du couvercle, elle fera les efforts les plus désespérés pour retenir la porte. Le soir vient ; au crépuscule, ou la nuit au doux clair de lune, l'araignée maçonne sort furtivement de sa retraite et se met en campagne, car il faut vivre ; mais près des rives méditerranéennes elle a d'excellents territoires de chasse et elle n'a guère à craindre les jeûnes prolongés. Repue, elle retourne au logis, et de ses griffes soulevant la trappe en un clin d'œil elle disparait à tous les regards. L'ouvrage de la petite araignée maçonne, vue pour la première fois par Sauvage aux environs de Montpellier, était cité au nombre des plus surprenants chefs-d'œuvre de l'industrie des animaux ; on devait bientôt en découvrir une autre du même genre plus remarquable par les proportions.

En Corse, en Sardaigne, en Italie et jusqu'aux alentours de la ville de Menton, habite une cténize beaucoup plus grande et plus belle que l'espèce du littoral du Languedoc, et de la Provence, la pionnière [10]. Son nid est merveilleux ; construit d'ordinaire dans une argile de la teinte rouge clair qui donne tant de charme aux villes de l'Orient. Avec une profondeur de 1 à 2 décimètres, il a un diamètre de plus de 2 centimètres ; c'est un véritable bijou. Ainsi que les demeures de la petite maçonne, celles de la pionnière sont, en général, rassemblées en nombre tout près les unes des autres ; souvent même, elles sont contiguës. Les premiers admirateurs de l'art des pionnières, l'Italien Pietro Rossi et notre compatriote Victor Audouin, ont été frappés de ces associations ressemblant à des villages. C'est qu'on ne songe guère aux araignées sans penser à la vie solitaire des individus et même à l'isolement calculé afin d'éviter les rencontres. Évidemment, les araignées maçonnes ne vouent pas aux êtres de leur race l'antipathie qui longtemps sembla de règle absolue dans le monde dont nous esquissons l'histoire. On ne tarda point à en apprendre davantage. Tandis que, partout ailleurs, dans ce monde étrange, le rapprochement des mâles et des femelles n'est que d'un instant et comme une surprise des mâles, chez les cténizes, les mœurs sont plus douces et rappellent les habitudes de nos plus gentils oiseaux. Seulement, les oiseaux bâtissent un nid pour élever leur famille ; en vue de la couvée, les maçonnes n'ont besoin de rien édifier ; elles ont un domicile permanent. En vérité, quand on possède une jolie demeure, un intérieur charmant, dirait-on parmi les hommes, n'est-ce pas la condition heureuse pour constituer un ménage ? Les cténizes agissent d'instinct, comme si elles en avaient conscience. A l'époque de la reproduction, un mâle est admis dans la résidence d'une femelle ; il y fera un séjour. La ponte effectuée, les époux semblent veiller sur le dépôt dans la meilleure entente et avec une égale sollicitude. Les petits éclosent et grandissent ; durant le premier âge, la nourriture doit leur être apportée. A un moment ainsi, toute une famille est au nid ; mais les jeunes sujets ont grandi et, de même que les oiseaux dont les ailes sont devenues assez fortes pour leur inspirer confiance, ils quittent les parents sans souci des soins maternels dont ils ont cessé d'avoir besoin et comme avides d'indépendance. Déjà, le père et la mère, oubliant le lien qui les avait attachés l'un à l'autre, se sont séparés et ont repris avec l'isolement la liberté. En observant un mâle dans la cellule de la femelle, on va jusqu'à soupçonner que plusieurs portes lui sont ouvertes, — les femelles sont nombreuses et les mâles assez rares.

On savait où l'on pouvait comprendre toutes ces choses, lorsqu'un ami de la nature, l'ingénieux investigateur dont nous résumions autrefois les recherches sur les fourmis moissonneuses, Traherne Moggridge, entreprit de pénétrer davantage les secrets de la vie des araignées-maçonnes. Tout d'abord, il voulut voir à l'œuvre les habiles ouvrières, mais comme elles travaillent la nuit, il est malaisé de les surprendre pendant leurs opérations. Avec de la patience et de la sagacité, on peut aller loin dans la voie des découvertes. Le pauvre jeune homme, qu'une santé déplorable condamnait à une mort prochaine, avait les qualités qui conduisent au succès. Il sera un bon guide pour suivre maçonne ou pionnière se livrant à l'édification d'un nouveau logis lorsqu'un accident l'a privée de son séjour habituel. Elle exécute vite sans négliger aucun soin et comme obéissant à une méthode parfaite. Les lieux préférés sont les pentes des terrasses et les berges des rivières ; là, se mettant à l'ouvrage dans les temps où le sol est humide, elle déblaie le terrain à l'aide du râteau de ses antennes-pinces, et le trou cylindrique commence à se dessiner. Sur les parois, des espaces manquent-ils de cohésion, un éboulement est-il à craindre, aussitôt, la bête, qu'on croirait sortie d'une école d'ingénieurs, consolide les parties avec de la soie et tisse par couches successives la jolie tenture satinée dont la demeure doit être ornée. Elle poursuit ainsi la besogne tant que la profondeur déterminée n'est pas atteinte. Le tube construit, la maçonne tend au-dessus de l'ouverture une petite toile, et y fait adhérer des grains de la terre qui se trouve à sa portée. Une nouvelle nappe soyeuse est tendue, une seconde couche est formée ; les couches se succèdent jusqu'à ce que la trappe ait l'épaisseur requise. Alors, elle rase les bords pour rendre les contours bien nets ; la porte est achevée. A prendre tel ou tel nid de la cténize maçonne ou de la cténize pionnière, certes, chacun dira : C'est un admirable objet. A comparer un grand nombre de nids de la même espèce, on aperçoit des différences notables dans la valeur de l'ouvrage. Parmi ces constructions il en est dont le travail est irréprochable ; c'est la perfection dans le sens absolu. D'autres sont relativement d'un travail moins fini ; ce sont des édifices plus grossiers. Chez ces araignées en possession d'un art raffiné, comme ailleurs, il est des individus plus adroits, plus habiles, plus distingués. De temps à autre, on rencontre des nids ayant deux portes et deux vestibules ; à la plupart de ces constructions à double entrée, une des trappes est condamnée. La propriétaire, une fois installée, aurait-elle reconnu des inconvénients dans la place affectée à la sortie ? Moggridge ayant remarqué que les nids à double porte sont toujours construits par de jeunes individus, on pensera peut-être que ces individus, manquant encore d'expérience, ne choisissent pas du premier coup la situation la plus avantageuse. On vit parfois la demeure d'une cténize augmentée d'une branche ascendante ne s'ouvrant pas à la surface du sol, mais pourvue d'une porte intérieure, séparant la petite chambre de l'habitation principale. Dans l'opinion de l'observateur, c'est un moyen de défense. A supposer le domicile envahi par un lézard ou un mille-pieds, l'araignée lui ferme la porte au nez en se réfugiant dans la petite chambre. Elle se met ainsi en sûreté contre l'animal vorace, sans doute déçu en trouvant la maison vide. Elles prennent pourtant des précautions infinies, ces araignées maçonnes, pour ne pas être découvertes. En certaines localités, la surface des trappes, inégale et d'aspect rugueux comme le sol qui environne, dissimule l'entrée de la retraite. En d'autres lieux, ces bêtes vigilantes ne se contentent pas de cette façon de tromper l'ennemi : elles cachent leur séjour avec de la mousse, du lichen, des brins d'herbes ou des fétus de paille, enfin, avec tous les corps étrangers qu'elles parviennent à recueillir. Les maçonnes à l'ouvrage font grande diligence ; privée de sa retraite, une de ces créatures laborieuses avait construit une nouvelle habitation dans l'espace d'une ou deux nuits. Malgré semblable rapidité d'exécution, les jeunes sujets, affirment les meilleurs observateurs, n'abandonnent pas le nid devenu trop étroit ; ils savent l'agrandir de manière à se trouver toujours à l'aise dans leur intérieur, ainsi qu'il convient à des êtres pleins de ressources. En 1868, le naturaliste autrichien Erber, parcourant l'Ile de Tinos dans l'Archipel, faisait la rencontre d'un ecténize d'espèce jusqu'alors inconnue [11]. Il se plut à l'étudier dans ses habitudes. Celle-ci, comme sa congénère, sort le soir pour aller en excursion, mais elle laisse sa porte ouverte, prenant soin de l'attacher à quelque objet voisin, pierre ou tige de plante. La trappe levée, comme par précaution, elle tisse devant l'entrée du logis une toile qu'elle détruit au matin lorsqu'elle revient pour passer le jour dans sa retraite.

Les araignées maçonnes ont été vues sur de nombreux points du globe, mais toujours dans les pays ou règne une température assez élevée. Elles sont fort répandues dans les régions circumméditerranéennes ; on en a observé sur les terres australes et en Amérique. Il en est une d'assez belles proportions qui habite la Californie [12] ; un individu de cette espèce, bien vivant, fut apporté récemment au Muséum d'histoire naturelle, emprisonné dans son logement ; on le plaça dans une caisse convenable. Au laboratoire du Jardin des Plantes, la maçonne californienne trouvait un ami des araignées, M. Hippolyte Lucas. Pendant quatre mois, l'entomologiste fit les plus grandes politesses à la bête industrieuse. Par un tour ingénieux, il ouvrait sa porte et au bout d'une pince lui présentait une mouche. L'araignée, qui avait accompli un long voyage, était affamée ; elle venait saisir la mouche à l'entrée de sa demeure, mais reculait aussitôt lorsqu'on cherchait à l'attirer au dehors. Elle restait défiante, même envers un ami. Une belle nuit, ayant été bien repue les jours précédents, elle scella le pourtour de la porte, qu'il lui était désagréable de voir ouvrir : au lendemain matin, une nouvelle trappe était construite non loin de la première. La pauvre bête avait-elle donc fait réflexion que cette seconde ouverture resterait inconnue de celui qui la dérangeait par la porte dont il avait la pratique ? Sa dernière heure venue, la maçonne californienne sortit languissante de sa demeure chérie ; morte, elle fut recueillie sur le sable à quelque distance.

On vient de voir le monde des araignées sous ses divers aspects. Dans chacune de ses légions représentées par des multitudes d'espèces, on a considéré les aptitudes et le genre de vie chez les plus intéressantes ou les mieux connues. Nulle part, ailleurs, on ne verrait au milieu d'un vaste ensemble, dans les traits essentiels, un caractère d'unité fondamentale plus évident, dans les choses secondaires une plus attrayante diversité. Avec une organisation qui les constitue toujours des êtres d'ordre très élevé, les araignées se montrent fort inégalement partagées sous le rapport de la fortune, des avantages physiques, des ressources dans la lutte pour l'existence. Malgré leur art, les araignées n'inspirent point ou la sympathie ou l'intérêt qu'excitent les insectes travaillant en commun et formant des associations qui rappellent les sociétés humaines. Toujours solitaires, elles semblent représenter l'égoïsme individuel dans le sens le plus absolu. Cependant, les araignées pauvres ou riches, vagabondes ou sédentaires, sont également des mères vigilantes, d'une sollicitude sans pareille pour leur progéniture ; sollicitude qu'on appellerait tendresse si l'on n'avait crainte d'attribuer à des êtres chétifs un sentiment qui n'appartient qu'aux plus nobles créatures. L'hostilité, la haine entre les individus de même race apparaissent comme règle ordinaire et la tolérance comme exception. Parmi les êtres animés, au moins dans les jours heureux, les relations entre les individus des deux sexes donnent le spectacle d'une délicieuse intimité. Chez les différents groupes d'araignées les rapports entre les mâles et les femelles semblent en général fort tendus, et puis, comme si la nature repoussait toute exception absolue, on a pu assister aux unions toutes charmantes de certaines espèces privilégiées. En exposant des faits qui tombent sous l'observation, l'instinct s'est révélé sous des formes saisissantes, en même temps qu'ont apparu des signes d'une faculté plus haute. En effet, l'être qui, dans la reconnaissance des situations, apprécie avec justesse, qui dans ses ouvrages répare l'accident d'une façon irréprochable, ne fait-il pas preuve de raisonnement ? En vérité, la notion des actes et des facultés des plus humbles créatures n'est pas inutile pour l'intelligence des admirables phénomènes qui font l'objet de la psychologie.

Notes

1. Voyez la Revue du 1er octobre 1875.
2. Epeïra diadema.
3. Epeïra edulis.
4. Epeïra inaurata.
5. Les espèces du genre Arpyope.
6. . Epeïra Borbonica de l'Ile de la Réunion.

7. .Epeïra livida de Madagascar.
8. Theridium benignum.
9. Linyphia argyrodes.
10. Cleniza fodiens.
11. . Elle a été nommé Cteniza Ariana.
12. Cteniza californica.

ISBN : 978-1547063109

Émile Blanchard